Corgi galés de Pembroke

Grace Hansen

Abdo Kids PERROS

Abdo Kids Jumbo es una subdivisión de Abdo Kids
abdobooks.com

abdobooks.com

Published by Abdo Kids, a division of ABDO, P.O. Box 398166, Minneapolis, Minnesota 55439.

Printed in China

052024

092024

THIS BOOK CONTAINS
RECYCLED MATERIALS

Spanish Translator: Maria Puchol

Photo Credits: Getty Images, iStock, Shutterstock, Thinkstock

Production Contributors: Teddy Borth, Jennie Forsberg, Grace Hansen
Design Contributors: Dorothy Toth, Pakou Moua

Library of Congress Control Number: 2023950220

Publisher's Cataloging-in-Publication Data

Names: Hansen, Grace, author.

Title: Corgi galés de Pembroke/ by Grace Hansen

Other title: Pembroke welsh corgis. Spanish

Description: Minneapolis, Minnesota: Abdo Kids, 2025. | Series: Perros | Includes online resources and index

Identifiers: ISBN 9798384902102 (lib.bdg.) | ISBN 9798384902669 (ebook)

Subjects: LCSH: Pembroke Welsh corgi--Juvenile literature. | Herding dogs--Juvenile literature. | Dogs--Juvenile literature. | Animal behavior--Juvenile literature. | Spanish language materials--Juvenile literature.

Classification: DDC 599.772--dc23

Contenido

El corgi galés de Pembroke

El corgi galés de Pembroke
es de Pembrokeshire.
Pembrokeshire está en Gales,
un país en el Reino Unido.

Reino
Unido
Gales
Europa

El origen de los corgi se remonta a principios del siglo XII. Fue entonces cuando llegaron a Gales dos tipos de perros y, a partir de ellos, se crió el corgi de Pembroke.

Los corgis de Pembroke **se criaron** para ayudar en las granjas. Se les entrenó para guiar aves, por ejemplo gansos y pollos, y también para eliminar ratas y controlar plagas.

También podían guiar rebaños de animales grandes, como cerdos y ganado, mordiéndoles las patas. Su corta estatura les permitía evitar las patadas.

El corgi de Pembroke es pequeño y **robusto**. Solo mide entre 10 y 12 pulgadas de alto (25 a 30 cm). Pesa alrededor de 30 libras (14 kg).

Las orejas del corgi son puntiagudas. Sus patas son cortas pero fuertes.

El pelaje es medianamente largo y puede ser de varios colores como rojo, **azabache**, **café claro**, negro o tostado.

Ejercicio

El corgi necesita actividad todos los días. Los paseos diarios y jugar son fundamentales. También hay que ser firmes y amables cuando se les entrena.

Personalidad

Los corgis son inteligentes y de carácter fuerte. No piden demasiado y son cariñosos. ¡Es divertido tener uno por su personalidad divertida y su simpática carita!

Más datos

- La Reina Isabel II tuvo más de 30 en su vida, el corgi galés de Pembroke es sin duda su perro favorito.

- Aunque los dos se llaman corgis, el corgi de Pembroke y el corgi de Cardigan son dos **razas** diferentes de perros.

- Los Pembroke son buenos perros guardianes. Ladran en cuanto alguien o algo se acerca a su casa.

Glosario

azabache – muy oscuro.

café claro – amarillo tostado.

criar – originado con un fin determinado.

origen – antecedentes familiares.

raza – tipo de animal.

robusto – fuerte, duro, sólido.

Índice

¡Visita nuestra página **abdokids.com** para tener acceso a juegos, manualidades, videos y mucho más!

Los recursos de internet están en inglés.

Usa este código Abdo Kids

DGK6031

¡o escanea este código QR!